La Racine carrée
de Klonk

Du même auteur

Pour les jeunes
Corneilles, Boréal, 1989.
Zamboni, Boréal, 1990 • PRIX M. CHRISTIE
Deux heures et demie avant Jasmine, Boréal, 1991.
• PRIX DU GOUVERNEUR GÉNÉRAL
Granulite, Québec Amérique, 1992.
Guillaume, Québec Amérique, 1995.
• MENTION SPÉCIALE PRIX SAINT-EXUPÉRY (FRANCE)
Le Match des étoiles, Québec Amérique, 1996.
Kate, quelque part, Québec Amérique, 1998.
David et le Fantôme, Dominique et compagnie, 2000
• PRIX M. CHRISTIE
David et les monstres de la forêt, Dominique et compagnie, 2001.
David et le précipice, Dominique et compagnie, 2001.
David et la maison de la sorcière, Dominique et compagnie, 2002.

Série « Klonk »
Klonk, Québec Amérique, 1993 • PRIX ALVINE-BÉLISLE
Lance et Klonk, Québec Amérique, 1994.
Le Cercueil de Klonk, Québec Amérique, 1995.
Un amour de Klonk, Québec Amérique, 1995.
Le Cauchemar de Klonk, Québec Amérique, 1997.
Klonk et le Beatle mouillé, Québec Amérique, 1998.
Klonk et le treize noir, Québec Amérique, 1999.
Klonk et la queue du Scorpion, Québec Amérique, 2000.
Coca-Klonk, Québec Amérique, 2001.
La Racine carrée de Klonk, Québec Amérique, 2002.
Le Testament de Klonk, Québec Amérique, 2003.

Albums
L'Été de la moustache, Les 400 coups, 2000.
Madame Misère, Les 400 coups, 2000.

Pour les adultes
La Note de passage, Boréal, 1985.
Benito, Boréal, 1987.
L'Effet Summerhill, Boréal, 1988.
Bonheur fou, Boréal, 1990.
Les Black Stones vous reviendront dans quelques instants, Québec Amérique, 1991.
Ostende, Québec Amérique, 1994.
Miss Septembre, Québec Amérique, 1996.
Vingt et un tableaux (et quelques craies), Québec Amérique, 1998.
Fillion et frères, Québec Amérique, 2000.
Je ne comprends pas tout, Québec Amérique, 2002.
Adieu, Betty Crocker, Québec Amérique, 2003.

La Racine carrée de Klonk

FRANÇOIS GRAVEL
ILLUSTRATIONS : PIERRE PRATT

ROMAN

105

QUÉBEC AMÉRIQUE Jeunesse

Données de catalogage avant publication (Canada)
Gravel, François
La Racine carrée de Klonk
(Bilbo jeunesse; 105)
ISBN 2-7644-0141-8
I. Titre. II. Collection.

PS8563.R388R32 2002 jC843'.54 C2001-941681-4
PS9563.R388R32 2002
PZ23.G72Ra 2002

Québec

Le Conseil des Arts du Canada | The Canada Council for the Arts

Nous reconnaissons l'aide financière du gouvernement du Canada par l'entremise du Programme d'aide au développement de l'industrie de l'édition (PADIÉ) pour nos activités d'édition.

Gouvernement du Québec – Programme de crédit d'impôt pour l'édition de livres – Gestion SODEC.

Les Éditions Québec Amérique bénéficient du programme de subvention globale du Conseil des Arts du Canada. Elles tiennent également à remercier la SODEC pour son appui financier.

Québec Amérique
329, rue de la Commune Ouest, 3e étage
Montréal (Québec) H2Y 2E1
Téléphone: (514) 499-3000, télécopieur: (514) 499-3010

Dépôt légal: 1er trimestre 2002
Bibliothèque nationale du Québec
Bibliothèque nationale du Canada

Révision linguistique: Michèle Marineau
Montage: Andréa Joseph [PAGEXPRESS]
Réimpression juin 2003

À mon fils Simon,
grand amateur de pensée pure.

CHAPITRE
UN

J'allais refermer la porte derrière moi quand j'ai entendu le téléphone sonner. J'ai hésité un instant, puis j'ai couru répondre.

— Fred ? C'est Klonk ! Comment vas-tu ?

— Très bien ! Mais je ne pourrai pas te parler longtemps : Agathe m'attend dans l'auto. Nous étions sur le point de partir pour la Gaspésie...

— La Gaspésie ? Parfait ! Tu pourras arrêter à la maison, c'est sur ton chemin. J'ai justement besoin de toi pour une affaire importante !

— C'est-à-dire que...

— C'est entendu ! À tout à l'heure !

Avec Klonk, c'est toujours la même chose: il n'en fait qu'à sa tête, et il n'y a jamais moyen de placer un mot! Pourquoi suis-je incapable de lui refuser quoi que ce soit ? Je voulais partir en vacances d'amoureux avec Agathe, moi, pas me lancer dans de nouvelles aventures!

J'étais encore un peu maussade en m'assoyant dans l'automobile, mais quand j'ai rapporté le coup de fil à Agathe, qui était déjà installée au volant, elle m'a fait changer d'humeur:

—Cesse donc de bougonner! Il y a longtemps que nous n'avons vu Klonk et Karine, sans parler des jumeaux! Ils ont presque un an et demi, maintenant. Ils doivent sûrement marcher! Peut-être même qu'ils disent quelques mots!

—Dire quelques mots ? Je gagerais plutôt qu'ils sont déjà inscrits à l'université!

— Tu as raison ! a répondu Agathe. J'ai toujours tendance à penser que Charlotte et Charlemagne sont des enfants ordinaires...

Tandis que nous roulions sur l'autoroute en écoutant de la musique, elle m'a longtemps parlé de nos propres enfants, Félix et Évelyne. Hier encore, ils se disputaient sur la banquette arrière de l'auto, et maintenant ce sont des adultes ! Klonk et Karine sont vraiment chanceux d'avoir de jeunes enfants. Le temps passe tellement vite !

Agathe a le don de trouver les mots qu'il faut pour me faire voir le bon côté des choses. Nous avons bavardé encore un moment, et plus nous approchions de Québec, plus je me sentais de bonne humeur. Agathe aussi, semblait-il : l'indicateur de vitesse frôlait les cent vingt kilomètres à l'heure !

— Tu n'as pas l'habitude de rouler aussi vite, ma chère Agathe!

— Oh! mon Dieu! s'est-elle exclamée en ralentissant, tu as raison! Il faut croire que j'ai vraiment hâte de revoir les jumeaux!

Elle a ralenti davantage lorsque nous sommes entrés dans Québec, et encore plus lorsque nous sommes arrivés dans la rue où habitent nos amis.

— Nous n'arrêterons que quelques instants, d'accord? ai-je alors dit. Une heure ou deux au maximum. Si Klonk essaie de nous embarquer dans de nouvelles aventures, c'est non, non et non! Promis?

— Promis! m'a juré Agathe.

— Pour une fois que nous pouvons partir en vacances seuls tous les deux, j'entends en profiter! Il y a si longtemps que je veux observer les oiseaux de l'île Bonaventure, et admirer le rocher Percé, et manger du homard frais... Peut-être même que nous pourrions faire du kayak de mer, qu'est-ce que tu en penses?

— C'est une bonne idée, mais... Oh! mon Dieu! Qu'est-ce que c'est que ça???

J'ai regardé dans la même direction, et j'ai sursauté à mon tour: dans le ciel, au-dessus de la maison de Klonk et de Karine, il y avait une demi-douzaine de chiens! Des chiens qui volaient! Des chiens qui tournaient en rond autour de la maison!

Une fois la surprise passée, nous nous sommes rendus à l'évidence: c'était sûrement un coup des jumeaux! Qu'est-ce qu'ils n'allaient pas inventer, ces deux-là!

CHAPITRE
DEUX

Klonk et Karine lisaient un journal, étendus dans des chaises longues, tandis que les jumeaux, assis dans le gazon, s'amusaient avec de petites autos qu'ils faisaient rouler sans les toucher, en utilisant uniquement la force de leur pensée. Un peu plus loin, Trépied, le chat à trois pattes, dormait tranquillement.

Personne ne nous avait entendus arriver, et tout le monde semblait trouver normal de voir une demi-douzaine de chiens tournoyer autour de leur tête.

—Vous voici enfin! a dit Klonk en nous apercevant. Dis-moi, Fred, as-tu lu les journaux,

ce matin ? Quelle catastrophe ! C'est épouvantable !

— Une catastrophe ? Quelle catastrophe ? J'ai lu les journaux et j'ai écouté les informations, mais je n'ai pas entendu parler de catastrophe...

Klonk semblait incrédule.

— ... As-tu lu les pages financières ?

— Les pages financières ? Je ne les lis jamais. C'est tellement ennuyeux !

— Mais c'est passionnant, au contraire, surtout par les temps qui courent ! Tiens, regarde-moi ça !

J'ai jeté un coup d'œil au journal qu'il m'a tendu, mais je n'y comprenais pas grand-chose : je ne voyais que des graphiques, des colonnes de chiffres et des symboles bizarres.

— As-tu remarqué le prix de l'or ? m'a demandé Klonk. On dirait des montagnes russes ! Et, pendant ce temps, le Dow Jones recule de près de soixante points!

— ... Tu sais, Klonk, tout mon argent est à la banque, et je ne joue pas à la Bourse. Ce n'est certainement pas au moment de partir en vacances que je vais commencer à m'y intéresser! Si tu m'expliquais plutôt ce qui est arrivé à ces chiens...

— Oh, ça! C'est la dernière distraction des jumeaux... Ça a commencé il y a deux semaines, quand Trépied est revenu chez nous en courant, poursuivi par un chien. Les jumeaux se sont tout de suite portés à la défense de leur chat en utilisant leurs pouvoirs de télékinésie. Un peu de concentration et, hop!, le chien était suspendu dans les airs! Ça semble extraordinaire, comme ça, mais c'est à la portée du premier venu, crois-moi. Les enfants ont beaucoup ri, et Trépied a adoré l'expérience: depuis ce temps-là, il fait exprès de se laisser prendre en chasse par des chiens.

— Et combien de temps ces pauvres chiens restent-ils suspendus dans les airs? a demandé Agathe. Ils vont finir par mourir de faim et de soif!

— Ils retomberont sur le sol aussitôt que les jumeaux feront leur sieste, a répondu Karine. Ils prendront alors leurs pattes à leur cou, et on ne les reverra plus jamais dans les parages! Cela pose d'ailleurs un problème à Trépied, qui doit aller de plus en plus loin pour trouver de nouveaux chiens intéressés à lui courir après. Avant-hier, il nous a ramené trois coyotes!

— Mais laissons là ces chiens et revenons à nos moutons, a dit Klonk d'un ton impatient. Mon cher Fred, ma chère Agathe, une catastrophe financière épouvantable se prépare, et nous avons absolument besoin de vous!

— Mais, Klonk, je ne connais rien à l'économie. Comment veux-tu que je te vienne en aide?

— Je sais bien que les capacités de ton cerveau sont limitées, mon cher Fred, mais ne t'inquiète pas: tout ce que je te demande, c'est de veiller sur les enfants pendant quelques heures. De grands savants vont bientôt venir me rejoindre, et nous tiendrons ici même une réunion vitale pour l'avenir de l'humanité. Le problème, c'est qu'il m'a été plus facile de contacter les plus grands savants du monde que de trouver une gardienne. Il sera bientôt midi, et mes invités sont des gens très ponctuels. D'ailleurs...

Klonk n'a pas pu terminer sa phrase. Midi a sonné à sa montre et, au même instant, deux limousines se sont immobilisées devant la maison. Une douzaine de savants sont sortis de ces véhicules et se sont présentés à

tour de rôle. J'ai donc serré les mains de messieurs et mesdames Smith, Ricardo, Galbraith, Schumpeter, Robinson et bien d'autres dont les noms étaient trop compliqués pour que je les retienne. Tous ces gens-là me semblaient très sérieux et terriblement préoccupés, mais quand même sympathiques. Aussitôt les présentations terminées, ils se sont enfermés dans la maison pour tenir leur importante réunion.

— Merci d'avoir accepté! a dit Klonk avant d'aller rejoindre tous ces savants.

— Merci mille fois! a ajouté Karine avant d'en faire autant. Et ne vous inquiétez pas pour Charlotte et Charlemagne: ils ne parlent pas encore, mais ils sont capables de se faire comprendre, vous verrez!

En moins de temps qu'il n'en faut pour le dire, nous nous

sommes donc retrouvés seuls avec les jumeaux, Agathe et moi.

— Te souviens-tu d'avoir accepté, toi ? ai-je demandé à Agathe.

— Pas du tout, mais cela ne me surprend pas : depuis le temps que nous connaissons Klonk, nous devrions être habitués à ses manières expéditives. Puisque leur réunion ne devrait durer que quelques heures, essayons de faire contre mauvaise fortune bon cœur, et profitons-en pour faire plus ample connaissance avec nos filleuls !

Je me suis alors tourné vers les jumeaux, qui jouaient tranquillement avec leurs petites autos, et je me suis senti gagné par l'inquiétude : il y avait tellement longtemps que je n'avais gardé de si jeunes enfants que je me demandais si j'y arriverais. S'ils me prenaient en grippe, les jumeaux télékinésistes allaient-ils m'envoyer tournoyer dans les airs? J'espérais que non: j'ai toujours eu peur des chiens!

CHAPITRE
TROIS

Jamais je n'ai vu d'enfants aussi bizarres que Charlotte et Charlemagne.

Ils ont un an et demi, et pourtant ils ne marchent pas encore. C'est à peine s'ils sont capables de ramper, ce qui est normal, à bien y réfléchir : pourquoi se donneraient-ils la peine de marcher, alors qu'ils peuvent obtenir tout ce qu'ils veulent par la seule force de leur pensée ? Nul besoin de se déplacer ni même de parler pour avoir ce qu'ils désirent : il leur suffit de se concentrer, et les ondes de leur cerveau font le reste !

À midi et demi, comme ils avaient un peu faim, ils ont fait

venir par la voie des airs deux biberons de jus, quelques pots de purée, une banane et des biscuits. Les biberons ont volé dans le ciel, comme des fusées, et sont venus se poser dans leurs mains! Charlotte a plissé le front, et le couvercle du pot de purée s'est dévissé tout seul! Charlemagne a réussi un prodige encore plus extraordinaire: il a pelé une banane en utilisant une seule main!

Comme j'avais un peu faim, moi aussi, et que je n'ai malheureusement aucun talent pour la télékinésie, je me suis dirigé vers la cuisine, où je me suis préparé un sandwich au salami hongrois. Au moment de sortir avec mon lunch, j'ai vu la porte du réfrigérateur s'ouvrir toute seule et deux autres pots de purée s'envoler vers la cour en passant par la fenêtre! Quelques secondes plus tard, j'ai aperçu une cuiller qui sortait du tiroir et qui suivait le même chemin!

Quand Agathe est venue se préparer un sandwich à son tour, elle a eu une bien plus grande surprise: les ustensiles et les petits pots sont allés se ranger tout seuls dans le lave-vaisselle, tandis que la pelure de banane a atterri dans la poubelle!

Après avoir mangé mon sandwich, j'avais encore un petit creux, alors je suis retourné à la cuisine chercher des biscuits feuille d'érable, dont Klonk a toujours d'amples provisions. J'ai alors vu s'ouvrir la porte du garde-manger et en sortir une boîte de nourriture pour chiens qui a pris elle aussi la voie des airs pour se diriger vers la cour.

Intrigué, je l'ai suivie. Par la force de leur pensée, les jumeaux ont fait monter la boîte jusqu'aux chiens, qui continuaient toujours à tourner en orbite au-dessus de leur tête.

— Quelle cruauté! a dit Agathe. Montrer cette boîte de conserve à des chiens affamés, c'est inhumain!

— Peut-être que les jumeaux ne sont pas capables de l'ouvrir? Ce ne sont que des bébés, après tout, il ne faudrait pas l'oublier! Savais-tu ouvrir des conserves, toi, quand tu avais un an et demi?

Les jumeaux nous ont-ils entendus? La boîte de conserve est tombée par terre, juste à côté du chat. Quelques instants plus tard, les chiens sont tombés un à un sur la pelouse et ils ont déguerpi en gémissant, la queue entre les pattes. Nous avons regardé les jumeaux: ils s'étaient endormis, tout simplement, et leurs pouvoirs s'étaient endormis avec eux!

Si, jusque-là, j'avais trouvé les jumeaux très drôles, je commençais maintenant à penser qu'ils pouvaient aussi être dangereux!

Je n'osais pas imaginer ce qui se serait produit si Trépied avait reçu la boîte sur la tête! Et cette boîte aurait tout aussi bien pu tomber sur la tête d'Agathe ou sur la mienne! La prochaine fois que Klonk me demandera de garder les jumeaux, j'apporterai mon casque de vélo: je n'ai peut-être pas un cerveau aussi puissant que celui de Klonk, mais je tiens quand même à le protéger.

— Je suis un peu inquiète, m'a dit Agathe à voix basse. Ces enfants ont des pouvoirs extraordinaires, mais ce ne sont que des bébés, comme tu me l'as fait si justement remarquer. Que se passerait-il s'il leur prenait l'envie de faire tournoyer des enclumes au-dessus de nos têtes, ou même des bétonnières, tant qu'à faire! Je comprends pourquoi Klonk et Karine ont tant besoin de nous: ça ne doit pas être facile de trouver une gardienne pour ces enfants-là!

— Essayons de ne pas les réveiller : pendant qu'ils dorment, au moins, ils ne peuvent pas faire de bêtises.

▲ ▲ ▲

Fascinés et attendris, nous avons longtemps regardé les jumeaux dormir, en n'osant pas faire le moindre geste, de peur de les réveiller. Lorsque Klonk est venu nous rejoindre, une heure plus tard, nous étions presque endormis nous aussi.

— Comment vont les chers petits ? a-t-il demandé.

— Ils dorment comme des anges, a chuchoté Agathe.

— Pas besoin de chuchoter ! a répondu Klonk en riant. Quand ils dorment, ces deux-là, ils dorment vraiment ! Leur petit cerveau réalise de tels prodiges qu'ils ont besoin de repos, rien de plus normal. Si tout va bien, ils devraient se réveiller vers

quatre heures. Ensuite, ils seront dangereusement en forme. Si vous ne savez pas comment les occuper, installez-les devant le téléviseur. Inutile de leur préparer un repas, ils se débrouillent très bien tout seuls, comme vous l'avez sans doute remarqué. Ils s'endormiront vers huit heures, complètement épuisés...

— Votre réunion sera-t-elle terminée, à ce moment-là ? a voulu savoir Agathe.

— Je l'espère ! Ça ne devrait durer que quelques heures, mais on ne sait jamais... Pour le moment, nous sommes en communication avec les meilleurs mathématiciens des plus grandes universités du monde, mais personne n'a encore trouvé la clé de l'énigme.

— Quel est le problème, au juste? a demandé Agathe. Nous ne sommes peut-être pas de grands savants, mais nous avons quand même le droit de savoir de quoi il retourne, non?

— Tu as raison, a dit Klonk. Je vais essayer de vous expliquer... Vous savez ce qu'est la spéculation?

— Évidemment! ai-je aussitôt répondu, tout fier d'étaler mes connaissances. Un de mes oncles a fait beaucoup d'argent en achetant des terrains situés près des grandes villes et en les revendant beaucoup plus cher, quelques années plus tard, quand les banlieues se sont développées. Il a donc réussi à s'enrichir sans travailler.

— C'est exactement cela, a confirmé Klonk. Acheter et revendre, tout est là. On peut spéculer sur le prix de l'or, sur des actions à la Bourse, sur des œuvres d'art ou même sur des cartes de hockey. Chaque jour, des millions de personnes dépensent des milliards de dollars dans l'espoir de faire fortune. Si j'achète de l'or à deux cents dollars et que je le revends trois cents dollars le lendemain, j'ai réalisé un beau profit…

— Mais si le prix de l'or descend…, a dit Agathe.

— Si le prix descend, a continué Klonk, tout va mal. C'est pourquoi je ne me risque pas à spéculer, d'ailleurs : j'ai horreur de perdre. Ce n'est pas le cas de tout le monde, semble-t-il…

— Que veux-tu dire ?

— Pouvez-vous imaginer un individu qui dépenserait des millions de dollars chaque jour dans le seul but de dérégler le système ? C'est pourtant ce qui semble se produire depuis quelque temps. Un mystérieux spéculateur s'amuse à faire monter et descendre les prix de façon absolument stupide. Un jour, il achète des milliers de tonnes d'or, et il les revend le lendemain. Il se tourne ensuite vers l'argent, ou le blé, ou le nickel... Ou bien nous avons affaire à un spéculateur génial, et dans ce cas nous allons certainement le démasquer...

— Comment cela? a demandé Agathe.

— S'il y a une logique dans ses actions, nous trouverons certainement une équation mathématique qui nous expliquera cette logique. Sinon, c'est que nous avons affaire à un fou, un fou dangereux qui désire détruire le système... Imaginez-vous ce qui se passerait si toutes les Bourses du monde s'écroulaient?

— À vrai dire, je ne me l'imagine pas du tout, ai-je répondu. Les spéculateurs seraient ruinés et ce serait bien triste pour eux, mais ils auraient un peu couru après, non?

— Tu as raison. Je ne verserais pas une larme sur le sort des spéculateurs, mais il pourrait aussi y avoir une crise économique mondiale, et ça, c'est grave! Il y aurait du chômage, de la pauvreté, de la misère... Et puis, penses-y un peu, Fred: s'il y a une crise, plus personne n'achètera de livres!

Je n'étais pas certain d'avoir tout compris, mais le dernier argument de Klonk m'avait convaincu de l'importance du désastre qui guettait la planète, et j'ai donc laissé mon ami rejoindre ses savants collègues.

CHAPITRE
QUATRE

Quand les jumeaux se sont réveillés, à seize heures pile, ils se sont eux-mêmes servi une petite collation, puis nous les avons installés devant le téléviseur.

J'ai eu le réflexe de chercher la télécommande, mais je me suis bien vite aperçu que c'était inutile : Charlotte a plissé le front, et la télé s'est allumée. Charlemagne a plissé le front à son tour, et les émissions ont défilé à un rythme hallucinant : un match de tennis, un documentaire sur les pingouins, un vieux film de guerre, des publicités... Charlemagne semblait avoir pris le contrôle de l'appareil, mais

Charlotte ne s'est pas laissé faire, et les émissions ont défilé deux fois plus rapidement, si vite que les images n'avaient même pas le temps d'atteindre mon cerveau ! Elles tournaient comme des vêtements dans une lessiveuse !

Quelques instants plus tard, sans doute fatigués de plisser le front, les jumeaux ont subdivisé l'écran en deux parties, ce qui permettait à chacun de suivre ses émissions préférées. Charlemagne semblait s'intéresser à la vie des pingouins, et Charlotte préférait le tennis, mais cela n'a pas duré très longtemps : Charlemagne a subdivisé sa portion de l'écran en six autres parties pour regarder autant d'émissions différentes en même temps, et Charlotte en a bientôt fait autant de son côté de l'écran.

Cette dernière opération a semblé les calmer, puisqu'ils se sont ensuite contentés de regarder la télévision comme des bébés normaux en suçant leur tétine.

Les jumeaux étaient captivés par les images de la télé, mais Agathe et moi étions fascinés par les jumeaux. Comment faisaient-ils pour suivre autant d'émissions en même temps ? Comprenaient-ils quelque chose ou bien se contentaient-ils de regarder les images ?

Soudain, Charlemagne s'est tourné vers sa sœur en plissant le front. Charlotte a plissé le front à son tour, et ils ont semblé communiquer par télépathie, puisque tout l'écran a bientôt été occupé par une seule émission. Les jumeaux ont regardé les informations, et ils semblaient tellement intéressés qu'ils en oubliaient de sucer leur tétine !

On a vu des images d'une inondation en Inde et d'un déraillement en Amérique du

Sud, puis l'animateur a parlé longuement de la Bourse, qui semblait avoir déraillé, elle aussi. Partout dans le monde, les prix des actions s'effondraient, tandis que le prix du pétrole grimpait. Mais il n'y a pas de quoi paniquer, a dit l'animateur avant de céder la parole à deux experts qui ont répété à leur tour qu'il ne fallait surtout pas paniquer. Il a ensuite été question de politique, et les jumeaux en ont profité pour s'amuser une fois de plus avec le téléviseur, mais d'une façon encore plus spectaculaire : après avoir subdivisé l'écran en deux, Charlotte est revenue à son match de tennis, tandis que Charlemagne a choisi une partie de baseball. Et alors, complètement ahuri, j'ai vu quelque chose que je n'aurais jamais cru possible : le lanceur du baseball lance une balle sur le terrain de tennis, et une joueuse de tennis la lui retourne avec sa raquette! La balle est projetée jusque dans les estrades, et les spectateurs applaudissent ce coup de circuit! Le lanceur lance une autre balle, que la joueuse de tennis rate: une prise!

— Ces enfants-là n'ont vraiment pas besoin de Nintendo pour s'amuser, a dit Agathe. Imagine un peu ce que nous pourrions faire si nous avions de tels pouvoirs!

— Ce serait intéressant, en effet, mais ne crois-tu pas que nous devrions prévenir Klonk et ses amis de ce que nous avons entendu aux informations?

— Pourquoi devrions-nous leur en parler? a demandé Agathe. Les experts n'ont-ils pas répété qu'il ne fallait pas s'inquiéter?

— Que veux-tu qu'ils disent d'autre? ai-je répondu. Ils ne peuvent tout de même pas suggérer aux spectateurs de céder à la panique!

— ... Tu as raison, a répondu Agathe, nous devrions aller leur en parler.

Mais nous n'en avons pas eu le temps. Tous les savants sont alors sortis de la salle à manger, où avait lieu la réunion, et ils ont défilé devant nous, la tête basse, le dos voûté et le pas traînant, jusqu'aux limousines. Ils sont partis sans même nous saluer. Ils semblaient désespérés.

— Ce n'est pas facile pour eux, m'a expliqué Klonk un peu plus tard. Non seulement ils n'ont pas trouvé la clé du mystère, mais ils ont dû accepter de céder leur place à des informaticiens. Pour des scientifiques, c'est très humiliant... J'ai bien peur que vous ne deviez rester une autre journée avec nous, mes amis : les informaticiens arriveront demain matin !

— Aucun problème, mon cher Klonk, a dit Agathe. Tes enfants sont tellement extraordinaires que c'est un plaisir de s'occuper d'eux!

—Nous partirons pour la Gaspésie plus tard, c'est tout, ai-je ajouté. Regarder des enfants comme ceux-là, c'est bien mieux que des vacances!

Comme pour nous donner raison, les enfants ont aussitôt inventé un nouveau jeu vidéo. Sur la moitié d'écran de Charlotte, un lion poursuivait une gazelle ; sur la moitié de Charlemagne, un cuisinier montrait comment réussir une mousse au chocolat. Nous avons donc vu le lion courir dans la savane, rattraper la mousse au chocolat, la dévorer à belles dents, puis se lécher longtemps les babines. Quelques instants plus tard, les jumeaux ont profité d'une publicité de shampooing pour nous concocter un nouveau mélange d'images : imaginez un lion qui secoue la tête au ralenti pour montrer à quel point sa crinière est soyeuse grâce à son nouveau shampooing...

Klonk et Karine se sont installés devant le téléviseur avec nous, et ils ont réussi à oublier leurs problèmes. Les émissions que les jumeaux nous fabriquaient étaient bien plus drôles que tous les spectacles d'humour que j'ai vus dans ma vie, et nous avons beaucoup ri.

Nous avons ensuite mangé ensemble, comme une grande famille, en essayant d'oublier les graves problèmes de l'économie mondiale. Plus tard, au moment d'aller au lit, les jumeaux nous ont rappelé, de façon très bruyante, qu'ils n'étaient encore que des bébés : Charlemagne a pleuré à fendre l'âme, bientôt imité par Charlotte. Charlemagne s'est ensuite mis à crier plus fort, et Charlotte a commencé à hurler, comme s'il s'agissait d'un concours.

Heureusement, cela n'a pas duré très longtemps : Klonk a chanté une berceuse, et les jumeaux se sont endormis sur-le-champ. À leur place, j'en aurais fait autant : Klonk a beaucoup de talents, mais je n'ai jamais entendu pire chanteur !

CHAPITRE
CINQ

Il n'y a pas de plus beau spectacle que de regarder des enfants jouer. Si on peut en plus s'amuser avec eux, le temps passe deux fois plus vite. Nous étions donc tous les six assis dans l'herbe, en ce dimanche matin ensoleillé, à nous lancer un ballon de plage, et je m'amusais bien plus que si j'avais été en train de parcourir les routes de la Gaspésie.

— La télékinésie, c'est bien beau, a dit Karine, mais les enfants qui possèdent ce don ont parfois tendance à n'utiliser que leur cerveau et à négliger le reste de leur corps...

—... C'est pourquoi nous essayons de jouer avec les jumeaux le plus souvent possible, a poursuivi Klonk, afin que tous leurs muscles se développent. Nous ne voulons pas qu'ils deviennent des pâtes molles!

—Pâte molle! Pâte molle! a répété Charlotte.

—Pâte molle, pâte molle! a aussitôt repris Charlemagne.

—Nous en profitons aussi pour leur enseigner quelques rudiments de vocabulaire, a expliqué Karine. Les enfants qui font de la télépathie ont parfois tendance à négliger la parole. Charlotte et Charlemagne ont un peu de mal à construire des phrases complètes, mais ils adorent répéter. Chaque fois qu'ils attrapent le ballon, ils ont le droit d'apprendre un mot nouveau. Pour le moment, nous n'en sommes qu'à la lettre B... B comme dans *bathyscaphe*!

— Bathyscaphe! a répété Charlemagne en attrapant le ballon, qu'il a relancé à Klonk.

— B comme dans... *batracien*! a dit Klonk en lançant le ballon à Charlotte.

— Batracien! a repris Charlotte avant de me relancer le ballon.

Je n'ai pas pu attraper celui-ci: un bruit épouvantable a interrompu ces jeux éducatifs, tandis qu'un vent aussi soudain que violent a chassé le ballon vers le fond de la cour. Nous avons levé la tête: un hélicoptère descendait vers nous!

Nous avons couru nous mettre à l'abri dans la maison pendant que l'hélicoptère se posait sur la pelouse.

Quand le rotor s'est enfin arrêté, nous avons vu une dizaine d'informaticiens descendre de l'hélicoptère. Ils étaient tous très maigres et très pâles, ils portaient tous des lunettes ovales et ils étaient tous habillés de la même façon, avec des vestons bleus et des pantalons gris, des chemises blanches et des cravates noires. Ils avaient tous des montres qui n'arrêtaient pas de sonner pour leur rappeler qu'ils devaient consulter leur agenda électronique, et leur agenda leur rappelait qu'ils devaient téléphoner immédiatement à quelqu'un sur leur cellulaire. Ouf! Je n'ai même pas réussi à leur serrer la main: aussitôt descendus de l'hélicoptère, ils se sont mis à se téléphoner entre eux. Ils étaient tous là, à quelques pas de distance, et ils se téléphonaient pour se parler!

J'ai dit qu'ils se parlaient mais, en vérité, je n'en sais rien: ces hommes-là employaient des mots que je ne connaissais pas pour faire des phrases que je ne comprenais pas dans une langue que je n'avais jamais entendue. Ils papotaient tous en même

temps dans leur cellulaire, et ils semblaient pourtant se comprendre, puisqu'ils éclataient de rire tous en même temps, pour ensuite redevenir sérieux.

Klonk leur a tendu la main pour les accueillir, sans succès. Ils ont regardé la main de mon ami, perplexes, sans trop savoir comment réagir. Avaient-ils peur d'attraper des microbes, ou bien craignaient-ils de se faire voler leur montre? J'ai pourtant fini par comprendre: cela peut paraître difficile à croire, mais ces gens-là étaient tellement habitués à se parler par l'intermédiaire de leur cellulaire qu'ils n'avaient jamais serré la main de qui que ce soit de toute leur vie!

Tout le monde est resté là, mal à l'aise, jusqu'à ce que Karine trouve une solution: elle leur a téléphoné pour les avertir qu'ils avaient un message sur leur ordinateur. Ravis, ils ont alors tous ouvert leur portable pour lire le message que Karine leur envoyait:

— Bienvenue chez nous, a-t-elle écrit. Si vous voulez bien entrer, la séance de travail va commencer...

Tous les informaticiens ont alors retrouvé le sourire, et ils se sont remis à parler dans leur langue étrange tout en se dirigeant vers la maison.

Je les ai suivis, curieux d'assister à la suite des événements.

Tous les informaticiens se sont installés en rond à la table de la salle à manger et ils ont ouvert en même temps leur ordinateur portable. Ils se sont alors mis à taper sur leur clavier, et la pièce s'est bientôt remplie d'un interminable cliquetis. D'après ce que j'ai compris, ils croyaient que le mystérieux spéculateur était un pirate informatique, qui utilisait le réseau Internet pour commettre ses méfaits. Si tel était le cas, ils ne tarderaient pas à découvrir son identité.

N'ayant plus rien à faire dans la maison, je suis retourné dehors, où Klonk et Agathe avaient repris leur jeu avec les jumeaux :

— B comme dans *bronchopneumonie* ! a dit Klonk en lançant le ballon à Charlotte.

— Bronchopneumonie ! a répété Charlotte en relançant le ballon à Agathe.

Étonné, j'ai demandé à Klonk :

— Pourquoi n'accompagnes-tu pas tes invités ?

— Je n'ai jamais aimé l'informatique, tu le sais bien, m'a-t-il répondu d'un air contrarié. J'ai conclu une entente avec Karine : elle s'occupe de nos invités, et moi je laverai la vaisselle pendant six mois. Je pense que j'ai fait un bon échange... B comme dans *boursicoteur* !

— Boursicoteur ! a répété Charlemagne en me relançant aussitôt le ballon.

▲ ▲ ▲

Une heure plus tard, nous étions encore en train de nous lancer le ballon, et les jumeaux continuaient d'apprendre des mots aussi utiles que *butylène*, *butyromètre* et *byzantinologie*.

J'ai décidé de faire une pause. Je suis entré dans la maison en marchant sur la pointe des pieds pour aller chercher une collation, et j'ai jeté un coup d'œil à cette étrange réunion où personne ne parlait. Je ne voyais que des fronts plissés et des doigts qui s'agitaient sur des claviers. Parfois les doigts couraient à toute vitesse, mais parfois aussi ils s'arrêtaient et restaient dans les airs. Les informaticiens regardaient alors leur écran et plissaient encore plus le front. Leurs doigts s'éloignaient des claviers pour gratter des cuirs chevelus... Tous ces experts n'avaient pas l'air près de trouver une solution !

J'ai pris quelques biscuits feuille d'érable dans la cuisine et j'étais en train de ressortir sur la pointe des pieds quand j'ai entendu un grand cri, poussé en chœur par les informaticiens. Je les ai regardés : ils avaient tous les mains dans les airs, comme s'ils manipulaient des marionnettes invisibles, et regardaient fixement leur écran. Je me suis approché de Karine et je lui ai demandé ce qui se passait :

— Une panne ! m'a-t-elle répondu. On dirait que toutes les piles se sont épuisées en même temps et que tous les systèmes se sont déréglés... Comme c'est étrange !

Je suis sorti aussitôt pour prévenir Klonk de ce qui venait d'arriver, mais j'ai eu la curieuse impression qu'il le savait déjà. Et j'ai aussi eu l'impression qu'il faisait un clin d'œil aux jumeaux...

— Une panne informatique? Comme c'est dommage! s'est-il exclamé sur un ton qui ne me semblait pas tout à fait sincère.

Il a encore adressé un clin d'œil aux jumeaux, qui riaient aux éclats, et il s'est remis à leur lancer le ballon: B comme dans *bombyx*! B comme dans *bissextile*! B comme dans *bifurcation*!

Je suis rentré dans la maison, où les informaticiens, ne sachant plus quoi faire, tournaient en rond autour de la table, aussi joyeux que des condamnés à mort. Ils revenaient de temps en temps aux ordinateurs, qu'ils essayaient en vain de rallumer, puis reprenaient leur triste promenade autour de la table. Ils ouvraient parfois la bouche sans rien dire, comme des poissons hors de l'eau. Je n'avais jamais rien vu d'aussi triste!

Karine a essayé de leur parler, mais ils ne comprenaient rien. Elle a fini par les appeler sur leur cellulaire et les a convaincus de remonter dans l'hélicoptère. Chacun a refermé son portable, puis ils ont tous marché à la queue leu leu jusqu'à l'hélicoptère, qui s'est envolé dans un bruit d'enfer.

— Adieu, mes amis ! leur a dit Klonk en les saluant de la main, mais les informaticiens n'ont pas répondu.

— Adieu, zamis ! ont répété les jumeaux, que j'avais rarement vus aussi joyeux.

Dès que l'hélicoptère a disparu, Karine est allée se planter devant Klonk, les mains sur les hanches.

— C'est toi qui as provoqué la panne, avoue !

— Provoquer une panne informatique, moi ? Comment oses-tu me soupçonner ?

— Écoute, Klonk, ne me fais pas marcher : il n'y a rien de plus facile pour toi que de surcharger à distance des circuits électriques ou de décharger des piles ! Avoue !

— Avoue ! Avoue ! ont repris en chœur les jumeaux, qui avaient recommencé à se lancer le ballon et s'imaginaient sans doute que le jeu continuait.

— Je n'ai rien à avouer, a dit Klonk en rougissant jusqu'aux oreilles. Ce n'est quand même pas ma faute, à moi, si les ordinateurs sont sensibles au magnétisme...

Si je savais déjà que Klonk était très mauvais chanteur, j'apprenais maintenant qu'il était encore plus mauvais menteur.

— Espèce de grand bébé ! a fini par dire Karine en haussant les épaules. Comment allons-nous démasquer le mystérieux spéculateur, maintenant que les informaticiens sont partis? Nous ne sommes pas plus avancés!

— Je ne vois qu'une solution, a répondu Klonk sur un ton très sérieux. Il faut faire une séance d'extraction de racines carrées, nous n'avons pas le choix.

— Des racines carrées? a repris Karine. Tu crois vraiment que...

— Racines carrées? ont répété les jumeaux en faisant de grands yeux ronds.

Charlotte et Charlemagne avaient l'air tout étonnés, et je l'étais autant qu'eux: j'avais l'impression que ces bébés comprenaient tout plus vite que moi!

— Qu'est-ce que c'est que cette histoire de racines carrées? a demandé Agathe.

Au moment où Klonk et Karine s'apprêtaient à lui répondre, une interminable Cadillac rose s'est stationnée devant la maison. Je n'ai pas eu besoin de regarder à travers les vitres teintes en rose pour deviner l'identité de ses occupants. Qui donc pouvait se promener ainsi dans une automobile complètement rose, de la pointe de l'antenne jusqu'aux bout des pneus, et d'un pare-chocs à l'autre ? Morley, évidemment, accompagné de sa charmante épouse Crystale, toute de rose vêtue.

— Comme je suis content de vous voir, mes chers amis ! a dit Morley en nous serrant la main.

À peine avait-il prononcé ces mots qu'il s'est mis à pleurer. Et, croyez-moi, ce n'étaient pas quelques petites larmes qui coulaient de ses yeux, mais de véritables fontaines. S'il avait continué ainsi quelques minutes, le gazon de Klonk n'aurait plus eu besoin d'arrosage du reste de l'été, mais les larmes de Morley se sont taries aussi abruptement qu'elles avaient commencé.

— Excusez-moi, a-t-il fini par dire. Dès que je suis aux prises avec une émotion un peu vive, je pleure. C'est plus fort que moi... Parfois, j'ai l'impression que mon puissant cerveau flotte dans un océan de larmes... Mais venons-en aux faits : j'ai bien reçu ton message, mon cher Klonk, et je pense que tu as raison. Une petite séance d'extraction de racines carrées, et le tour sera joué. Quand est-ce qu'on commence ?

— Immédiatement ! J'ai justement de bonnes réserves de biscuits !

Klonk, Karine et Morley se sont alors dirigés vers la cuisine, l'air tout joyeux.

— Allez-y, vous aussi, nous a dit Crystale. Moi, je garderai les jumeaux !

Nous nous sommes donc dirigés à notre tour vers la cuisine, Agathe et moi, sans rien deviner de ce qui nous y attendait.

Qu'est-ce que c'était que cette histoire de racines carrées ? Et depuis quand fallait-il manger des biscuits pour faire des mathématiques ?

CHAPITRE
SIX

— D'abord, le carburant ! a annoncé Klonk en posant au centre de la table de la cuisine un énorme pot contenant des douzaines de biscuits feuille d'érable.

Nos amis se sont aussitôt précipités sur ces biscuits, comme des ogres qui n'auraient rien mangé depuis des mois. Klonk a dû en ingurgiter une bonne vingtaine, et Morley en a fait autant. Si Karine n'en a mangé qu'une douzaine, c'est qu'elle s'est levée pour servir trois grands verres de lait au chocolat.

— Quelle délicieuse entrée! a dit Klonk en se frottant le ventre. Il n'y a rien comme les biscuits

BISCUITS

feuille d'érable pour se mettre en appétit! Passons maintenant à quelque chose de plus consistant: que diriez-vous de quelques crêpes au sirop?

Il s'est alors levé pour préparer des crêpes à sa façon: en plus des œufs, du lait et de la farine, son mélange comprenait deux tasses de sucre et deux autres tasses de brisures de chocolat. Quand les crêpes ont été cuites, Klonk les a recouvertes d'une épaisse couche de mélasse et de sirop d'érable avant de les saupoudrer de cassonade et de noix broyées.

Klonk, Karine et Morley ont dévoré ces crêpes en quelques bouchées, puis Karine s'est dirigée de nouveau vers le réfrigérateur pour servir le dessert: carrés aux dattes, gâteaux au caramel, pouding au riz, tarte aux pommes, brioches, profiteroles, mille-feuilles, crème glacée... Mes amis n'en finissaient plus d'ingurgiter des calories. On aurait dit des gouffres sans fond. J'avais l'impression d'engraisser juste à les regarder manger. Comment faisaient-ils pour ne pas éclater ? Et pourquoi mangeaient-ils autant ?

— Je crois que ça ira comme ça, a fini par dire Karine en s'essuyant la bouche après avoir repris une deuxième portion de crème glacée au caramel. Nous voilà prêts, je pense, pour une première séance…

— Une séance de quoi ? a demandé Agathe. Allez-vous nous expliquer, à la fin, ce que tout cela signifie ?

— C'est à la fois très simple et très compliqué, a répondu Klonk en détachant sa ceinture pour donner de la place à son ventre gonflé. Vous savez que toutes les sciences essaient, à leur manière, de trouver la vérité. Les physiciens s'intéressent à la matière, les biologistes observent les organismes vivants, les historiens étudient le passé, et ainsi de suite. De toutes les sciences, les mathématiques sont sûrement les plus pures, et en même temps les plus complexes. Mais il y a une science encore plus pure que les mathématiques, encore plus abstraite. Une science tellement élevée, tellement raffinée qu'on pourrait l'appeler la Pensée Pure. Une science qui ne s'exprime ni par mots ni par symboles mathématiques...

Il s'est interrompu pour avaler quelques cuillerées de sucre, puis il s'est tourné vers moi :

— Je vais essayer de te donner un exemple. Quelle est la racine carrée de vingt-cinq ?

— C'est facile : cinq.

— Parfait ! Et la racine carrée de neuf ?

— Trois...

— Très bien ! Et la racine carrée de trois ?

— C'est-à-dire que…

— Tu ne pourrais pas la trouver sans calculatrice, pas vrai? La réponse est 1,7320508 plus quelques poussières. Si tu extrais encore la racine carrée de la racine carrée de la racine carrée de ce nombre, tu obtiens 1,0710754. Si tu continues ce manège pendant une heure ou deux, tu obtiendras le chiffre un, suivi d'un nombre incroyable de zéros, puis de quelques décimales… Si tu oublies le chiffre un et les zéros pour te concentrer sur les décimales – autrement dit, si tu te concentres sur les poussières de chiffres –, tu t'approches de l'ultime frontière des mathématiques.

— Il suffit alors de faire un pas de plus, a poursuivi Morley, pour atteindre la Pensée Pure. Cette pensée n'est accessible qu'aux plus grands cerveaux de l'univers, pour ne pas dire à ses plus illustres génies. Eh bien, ces génies sont ici réunis, cela dit en toute modestie ! Mon cher Fred, ma chère Agathe, regardez-nous attentivement : jamais vous n'avez contemplé d'esprits aussi pénétrants, de cerveaux aussi efficaces, de matière grise aussi performante !

— Pour le moment, a dit Agathe, je ne vois que des ventres bien remplis ! Pourquoi avez-vous ingurgité autant de calories ?

— Parce que le cerveau se nourrit de sucre, a répondu Karine, et qu'il faut des quantités considérables d'énergie pour nos séances d'extraction de racines carrées. Avec la quantité de sucre que nous avons consommée, nous devrions en avoir pour deux heures, pas plus. Mais le jeu en vaut la chandelle : s'il y a une logique derrière les agissements de notre mystérieux spéculateur, nous allons assurément la découvrir ! Nous avons assez perdu de temps, allons-y!

Klonk, Karine et Morley se sont pris la tête entre les mains et ont commencé leur extraordinaire voyage au pays de la Pensée Pure. Comme je n'étais qu'un simple spectateur, je ne peux évidemment pas décrire ce qui se passait dans leur cerveau en ébullition, mais je peux vous assurer que nos amis dépensaient des quantités folles d'énergie: cinq minutes après leur départ, si je puis m'exprimer ainsi, j'ai senti la température de la pièce augmenter sensiblement. Je me suis approché du thermomètre, pour vérifier: la température a continué à monter, avant de se stabiliser à quarante degrés!

Dix minutes plus tard, tous les appareils électriques de la cuisine se sont mis en marche, l'ampoule du four à micro-ondes a éclaté, et une odeur de caramel calciné a envahi la pièce. Est-ce que les cerveaux de mes amis étaient en train de brûler? Klonk était rouge comme un camion de pompiers, de la vapeur semblait s'évaporer à la surface du front de Karine, et il m'a même semblé voir de nouvelles bosses pousser sur le crâne chauve de Morley!

Quelques instants plus tard, j'ai entendu la vaisselle se briser dans les armoires. Les murs tremblaient, le plancher vibrait, et toute la cuisine s'est remplie d'un fracas épouvantable. Mais ce fracas n'a heureusement pas duré très longtemps. Bientôt, je n'ai plus rien entendu, pas même le ronronnement du réfrigérateur. La température s'est abaissée aussi vite qu'elle avait augmenté, pour se stabiliser à vingt degrés. L'air semblait maintenant léger et pur, comme après un orage. Tout n'était plus que paix et silence, et nos amis, qui avaient tantôt le visage crispé, semblaient maintenant parfaitement détendus. Ils avaient toujours les yeux fermés, mais ils affichaient un grand sourire heureux, comme s'ils contemplaient un magnifique paysage.

— Laissons-les voyager en paix au pays de la Pensée Pure, m'a chuchoté Agathe. Nous reviendrons dans deux heures.

Je les ai regardés encore un moment avec envie : ils avaient l'air tellement heureux ! Je savais que la science pouvait donner de grands plaisirs, mais jamais à ce point-là ! Il faudrait que j'essaie d'extraire des racines carrées, moi aussi...

Avant de quitter la cuisine, aussi discrètement que possible, j'ai jeté un dernier coup d'œil à cette étrange réunion. Dire que, peu de temps auparavant, Morley était le pire ennemi de Klonk, à qui il voulait enlever

Karine ! Mais depuis sa rencontre avec Crystale, dont il était éperdument amoureux, Morley était devenu le plus doux et le plus gentil des hommes.

Klonk est sûrement le plus intelligent des savants que je connaisse, et pourtant il a toujours pensé que Morley, le maître des illusions, était encore plus intelligent que lui. Quant à Karine, elle est au moins aussi intelligente que ces deux-là, sinon plus… Je n'osais pas penser à ce qui se produirait quand ces intelligences s'additionneraient ! Si ces trois-là ne trouvaient pas la solution de l'énigme, personne n'y parviendrait !

CHAPITRE
SEPT

En quittant la cuisine, Agathe et moi avons croisé Crystale, qui sortait de la chambre des jumeaux en marchant sur la pointe des pieds.

— Chut ! nous a-t-elle chuchoté, je viens juste de les mettre au lit ! Les pauvres chéris étaient épuisés...

Nous avions très bien compris ce qu'elle avait dit, mais elle a cru bon, pour mieux se faire comprendre, de mettre son index sur ses lèvres. Son rouge à lèvres était rose, évidemment, de même que son vernis à ongles. Elle avait aussi des bagues roses à chacun des doigts, et ses bras étaient couverts de bracelets roses.

— Suivez-moi, nous a-t-elle soufflé. J'ai une confidence à vous faire!

Nous l'avons suivie jusque dans la cour, où elle s'est assise du bout des fesses sur une chaise de jardin.

— Dommage que cette chaise ne soit pas rose, a-t-elle dit comme pour expliquer sa position inconfortable. Klonk et Karine sont peut-être très intelligents, mais ils n'ont malheureusement aucun goût! Morley n'avait pas tellement de goût, lui non plus, quand nous nous sommes mariés, mais j'ai entrepris de faire son éducation, heureusement! Saviez-vous qu'il ne boit maintenant que du café rose?

— ... Du café rose? a répété Agathe. Ça doit être difficile à trouver!

— Vous pouvez le dire! C'est presque aussi dur que de dénicher des œufs roses, mais, quand on cherche un peu, on finit par connaître les bonnes adresses, croyez-moi… Quand je pense qu'il y a des gens qui mangent encore leurs œufs sans les colorer! Comment peut-on ingurgiter quelque chose de *blanc* avec un centre *jaune*? C'est dégoûtant! Mais enfin, nous ne sommes pas là pour discuter des goûts déplorables de nos contemporains. Mes amis, j'ai une révélation importante à vous faire: Klonk, Morley et Karine se croient peut-être très intelligents avec leur Pensée Pure, mais ils suivent une fausse piste! Tout ce qui arrive était pourtant prévisible!

— Prévisible? ai-je demandé. Mais par qui? Tous les économistes semblent pourtant dépassés par les événements et…

— Les économistes ! s'est esclaffée Crystale. Laissez-moi rire ! Les économistes ne connaissent rien, croyez-moi. Pas plus que les mathématiciens, d'ailleurs, les physiciens ou les informaticiens ! Toutes ces sciences ne valent pas tripette ! Il n'y a qu'une science, mes amis, une seule science parfaite et universelle, et cette science, c'est l'astrologie. Or, les astres sont formels : nous quittons la maison du Bélier pour entrer dans celle du Lion. Comment s'étonner, alors, que le monde connaisse de tels bouleversements ? Tout cela rentrera dans l'ordre aussitôt que nous serons dans la maison des Gémeaux, croyez-moi ! Il n'y a qu'à attendre ! Au fait, comment trouvez-vous les jumeaux ? Ils me semblent bien développés pour leur âge – c'est normal, remarquez, les Vierges sont souvent précoces, même s'ils ont l'estomac fragile –, mais je persiste à croire qu'ils ne devraient porter que des pyjamas roses, c'est d'ailleurs ce que je disais à Karine...

Et patati et patata, Crystale continuait de papoter, mais je ne l'écoutais plus. Comment Morley avait-il pu tomber amoureux d'un tel phénomène? On dit souvent que l'amour est aveugle, mais il semble bien qu'il puisse aussi rendre sourd!

Tandis que Crystale n'en finissait plus de parler et qu'Agathe faisait semblant de l'écouter, j'ai réussi à m'éclipser. Je me suis installé au salon, où j'ai feuilleté les journaux. Les titres des articles étaient éloquents:

Les marchés sont devenus fous!
Le dollar s'envole, le pétrole s'affole!
La vague de spéculation atteint
même les bulbes de tulipes
et les semences de brocoli!
Tout va mal, très mal,
mais ne paniquez pas!

Comme je n'avais rien de mieux à faire, j'ai lu quelques-uns de ces articles, qui disaient tous la même chose: tout ce qui monte doit redescendre, et tout ce qui descend remontera. Il suffit de laisser passer le temps, et tout rentrera dans l'ordre. Les analyses de tous ces experts ne me semblaient pas tellement plus convaincantes que celles de Crystale, et cela n'avait rien de rassurant. Ces gens avaient beau répéter de ne pas paniquer, ils commençaient à m'inquiéter sérieusement!

J'ai ensuite allumé la radio, pour avoir des nouvelles plus fraîches, et j'ai entendu d'autres experts répéter que tout allait de plus en plus mal, mais qu'il ne fallait surtout pas paniquer. Tout ce que j'ai appris de nouveau, c'est que la vague de spéculation semblait mystérieusement atteindre des sommets vers dix-sept heures chaque jour, et se calmer par la suite. Pourquoi? Personne ne le savait.

Ensuite, je me suis remis à la lecture des journaux. C'est encore ce que je faisais quand, deux heures plus tard, Klonk, Karine et Morley sont enfin sortis de la cuisine. Ils marchaient le dos voûté et en se traînant les pieds, l'air totalement épuisés mais en même temps parfaitement heureux. Morley s'est écrasé dans un fauteuil, tandis que Karine et Klonk se sont laissés tomber dans un canapé.

— Il n'y a vraiment rien de tel que la Pensée Pure, a dit Karine. On devrait s'y livrer plus souvent!

— Tu as raison, a répondu Klonk. C'est peut-être épuisant, mais c'est tellement satisfaisant!

— Mieux que ça! a renchéri Morley. C'est divin!

Je m'attendais à ce qu'ils ajoutent quelque chose, mais ils sont restés tous les trois silencieux à regarder le plafond, béats, jusqu'à ce que je me décide à leur poser une question :

— Et alors? Avez-vous résolu l'énigme?

— Quelle énigme? m'a demandé Klonk, comme s'il tombait de la lune.

— Savez-vous enfin qui est responsable de cette vague de spéculation? Avez-vous une idée de ses intentions?

— Ah, ça! Eh bien, nous n'avons pas avancé d'un pouce, mais ce n'est pas grave. Ce soir, nous mangerons des guimauves, et tout ira mieux.

— ... Des guimauves? Qu'est-ce que les guimauves ont à voir avec notre histoire?

Je n'ai pas obtenu de réponse: Klonk dormait comme une bûche, la tête appuyée sur l'épaule de Karine, qui avait sombré elle aussi dans un profond sommeil, de même que Morley, qui a commencé à ronfler. Klonk

s'y est mis à son tour, et ils avaient l'air tellement heureux que je me suis demandé s'ils ronflaient vraiment ou bien s'ils ronronnaient.

Qu'est-ce que c'était que cette histoire de guimauves ? Mes amis étaient-ils devenus fous ? Avaient-ils abusé de la Pensée Pure ?

CHAPITRE
HUIT

Je m'étais promis de regarder la télévision avec les jumeaux, après leur sieste, mais nous n'avons pas cessé d'être dérangés par des livreurs.

À seize heures quinze, pendant que Charlotte et Charlemagne organisaient une course entre des voitures de formule 1 et des autruches, on a sonné à la porte. Je suis allé répondre: un messager m'a tendu une épaisse liasse de documents, puis il m'a fait signer un reçu. J'ai feuilleté ces documents, au cas où ils auraient été importants, mais je n'ai vu que des coupures de presse provenant du monde entier, et qui portaient toutes sur les perturbations de la Bourse ; à ce dossier était jointe une lettre du premier ministre, qui suppliait Klonk de mettre tous ses pouvoirs au service de la nation. Puisque Klonk travaillait déjà à temps plein sur cette affaire, je n'ai pas cru bon d'aller le réveiller.

Ensuite, je suis retourné m'installer devant le téléviseur, où j'ai vu des vidéoclips très originaux : des bruits de moteur sortaient de la bouche des chanteurs, tandis que les guitaristes jouaient de la tondeuse à gazon ! Les jumeaux s'amusaient comme des fous, et j'aurais bien aimé rester avec eux plus longtemps, mais on a sonné encore une fois à la porte.

— Vous avez commandé du bois de chauffage ? m'a demandé un livreur. C'est une bonne idée de s'occuper de ces choses en été. C'est moins cher. Signez ici, s'il vous plaît.

J'ai regardé par-dessus son épaule : il avait déchargé le contenu de son camion dans l'entrée, qui était complètement recouverte de bûches ! Comme nous ne voulions pas réveiller Klonk pour si peu, Agathe et moi les avons rangées proprement à côté de la remise, ce qui nous a pris un temps fou. Tandis que nous nous livrions à ce travail, deux autres camions de livraison se sont arrêtés devant la maison. Le premier livreur a déchargé des quantités astronomiques de sacs de guimauves sur le gazon, et le second nous a laissé une petite fiole de colorant rose. La fiole avait beau être minuscule, elle valait une fortune, à en croire la facture : le colorant avait été importé en avion depuis le Népal !

Agathe et moi avons tout de suite deviné ce que Klonk avait en tête en passant ces commandes : il voulait faire un feu de camp géant, évidemment, et il avait prévu les caprices de Crystale. Mais pourquoi avait-il commandé autant de guimauves ? Voulait-il inviter tous les scouts du pays ?

Comme nous venions de passer quelques heures à ranger des bûches, j'ai décidé d'empiler de la même manière les sacs de guimauves, ce qui était beaucoup moins exténuant. Agathe, pendant ce temps-là, a passé de longs moments à injecter du colorant rose dans des guimauves.

La nuit était déjà tombée quand nous avons enfin terminé ces préparatifs. Crystale et les jumeaux sont alors venus nous rejoindre, bientôt suivis de Klonk, de Karine et de Morley, qui se réveillaient à peine et semblaient dans une forme splendide.

— Un feu de camp entre amis ! a dit Klonk. Il y a si longtemps que ça ne nous est pas arrivé !

— Entre amis ? ai-je répliqué. Tu veux dire que... que tu as commandé toutes ces guimauves juste pour nous ?

— Je n'avais pas le choix : il n'y a rien de plus sucré que des guimauves grillées, comme tu le sais, et nos cerveaux auront bientôt besoin de quantités astronomiques d'énergie. Puisque deux heures et demie de Pensée Pure n'ont pas été suffisantes pour comprendre la logique de nos adversaires, il va falloir nous livrer à un véritable marathon. Comme nous en avons pour toute la nuit à manger des guimauves, aussi bien commencer tout de suite. D'après mes calculs, toutes ces guimauves devraient nous fournir suffisamment de carburant pour une dizaine d'heures...

Nous avons donc allumé le feu de camp, et nous nous sommes attaqués à nos guimauves. Après en avoir mangé cinq ou six, j'étais rassasié. Agathe, qui n'a jamais été friande de sucreries, s'est contentée d'une seule. Les jumeaux en ont englouti quelques-unes, et Crystale n'a touché à aucune, au grand désespoir d'Agathe, qui avait passé des heures à teindre des guimauves en rose pour lui faire plaisir.

Pendant ce temps-là, Klonk, Karine et Morley n'en finissaient plus d'enfiler guimauves grillées par-dessus guimauves grillées, sans même prendre le temps de parler. Ils les dévoraient d'abord une par une, puis deux par deux, puis en brochettes. Ils ont bientôt été gavés, rassasiés, bourrés jusqu'aux oreilles, leurs ventres étaient gonflés à en éclater, et pourtant ils continuaient à s'empiffrer de guimauves, sans dire un mot. Rien qu'à les regarder, j'en avais le cœur à l'envers. La science impose parfois de durs sacrifices à ceux qui la

pratiquent, mais je ne savais pas que cela pouvait aller jusque-là.

Nous avons entrepris de leur changer les idées, pour les aider un peu. Tandis qu'ils continuaient à ingurgiter leurs guimauves, nous avons chanté quelques chansons de feux de camp, sans trop de succès : je chante presque aussi mal que Klonk, et Agathe n'est guère mieux que moi. Crystale, par contre, a une très jolie voix, et les jumeaux semblaient raffoler de ses chansons, mais elle n'en connaissait malheureusement que quatre : *La Vie en rose*, *Donnez-moi des roses*, *L'important, c'est la rose* et *Les Roses de Picardie*. Dommage !

Nous avons ensuite raconté des histoires drôles, ce qui nous a aidés à passer le temps, mais nous sommes vite arrivés au bout de notre répertoire. J'ai alors proposé de raconter des histoires d'horreur, mais Crystale a refusé :

— Pas question ! a-t-elle dit. Les jumeaux pourraient faire des cauchemars !

— Histoires d'horreur ! Histoires d'horreur ! ont réclamé les jumeaux en chœur, mais nous n'avons pas cédé. Ils ont pleuré un peu avant que Crystale les console en leur parlant d'astrologie. Elle a décrit les caractéristiques de chacun des signes du zodiaque, et les jumeaux l'ont écoutée, fascinés, tout en contemplant le feu de camp. Pour quelque inexplicable raison, Charlotte et Charlemagne semblent adorer Crystale.

Pendant tout ce temps, Klonk, Karine et Morley continuaient d'engouffrer guimauves pardessus guimauves... Combien de milliers de calories avaient-ils ingurgitées depuis le début de la soirée ? Je n'osais même pas y penser. Pire encore : je n'osais même pas regarder mes amis, de peur de voir leur ventre éclater.

À vingt-trois heures, Crystale est allée coucher les jumeaux, puis elle est revenue nous tenir compagnie. Nous avons alors pu aborder un merveilleux sujet de conversation : les prouesses de Charlotte et de Charlemagne – pour des parents, rien n'est plus passionnant que de parler de leurs enfants.

—Ils sont tellement intelligents pour leur âge ! s'est extasiée Crystale. Toujours à inventer de nouvelles émissions de télévision, de nouveaux sports, de nouveaux jeux ! Mais je me demande parfois s'ils ne sont pas trop sérieux... Avez-vous remarqué qu'ils adorent les émissions d'information ? Chaque jour, à cinq heures, ils écoutent le bulletin de nouvelles, c'est sacré. Mais, comme ils savent que ce genre d'émission m'ennuie, ils prennent la peine de colorer en rose les vestons des animateurs et les tableaux des indices boursiers... N'est-ce pas charmant?

Nous avons tous eu la même idée en même temps: Agathe et moi sommes restés bouche bée, tandis que Klonk, Karine et Morley ont arrêté aussitôt d'avaler leurs guimauves. Les informations? Tous les jours à dix-sept heures? Les indices boursiers? Les jumeaux? Serait-il possible que...

Nous nous sommes précipités dans le salon, où se trouvait le téléviseur. À côté du téléviseur, il y avait un téléphone. Et, à côté du téléphone, un petit ordinateur dont se servait parfois Karine pour noter ses recettes de cuisine...

— Une séance d'extraction de racines carrées, vite! a dit Klonk en s'emparant d'un guide de télévision.

Nos trois amis se sont alors pris la tête entre les mains, et la température du salon a grimpé presque aussitôt à quarante degrés, tandis que de nouvelles bosses n'en finissaient plus d'apparaître sur le crâne de Morley. Mais, cette fois, la période d'ébullition n'a duré que quelques instants, et la température a baissé aussi vite qu'elle avait grimpé. L'air est redevenu alors pur et léger, les visages de nos amis se sont détendus, et ils ont semblé contempler de nouveau un merveilleux paysage invisible.

Comme nous ne pouvions malheureusement pas les accompagner, Agathe, Crystale et moi sommes retournés contempler le feu de camp. Nous ne visitions peut-être pas le merveilleux pays de la Pensée Pure, mais un feu de camp, c'est quand même très joli.

CHAPITRE
NEUF

Il était deux heures du matin quand nos amis nous ont rejoints. Une fois de plus, ils semblaient épuisés mais ravis.

— Nous avons tout compris en deux minutes, a dit Klonk, mais nous avons quand même extrait des racines carrées pendant trois heures : il fallait bien brûler toutes les calories que nous avions emmagasinées. Nous en avons profité pour résoudre quelques équations mathématiques compliquées, histoire de passer le temps. Au cas où cela vous intéresserait, le problème de la quadrature du cercle est maintenant résolu.

— C'est toujours agréable de faire des mathématiques avancées, a poursuivi Karine. À la fin de notre séance, j'ai fait un peu de physique quantique, ce qui m'a permis de brûler quelques calories supplémentaires : j'avais un ou deux kilos en trop, depuis quelque temps…

— Pareil pour moi ! a lancé Morley. J'ai presque retrouvé ma taille de jeune homme ! Qu'est-ce que tu en penses, ma chérie ?

— Je le trouvais joli, moi, ton petit bedon rose ! a répondu Crystale.

Si je ne les avais pas interrompus, je pense qu'ils auraient continué à parler de calories et de régimes pendant le reste de la nuit.

— Et les jumeaux ?

— Les jumeaux ? a répété Klonk comme s'il tombait des nues. Qu'est-ce qu'ils ont, les jumeaux ?

— Ce serait plutôt à toi de me le dire, non? Sont-ils vraiment responsables de la crise financière internationale? N'est-ce pas pour réfléchir à cette question que vous avez consommé des tonnes de guimauves?

— Tu as raison! J'allais les oublier... Ce sont eux les responsables, oui. Il nous a suffi de consulter le guide de la télévision pour tout comprendre. À cinq heures, chaque jour, le réseau de l'information présente les indices boursiers. À la même heure, au réseau des sports, on présente différentes compétitions... Charlemagne prenait pour une équipe, et Charlotte pour l'autre. Chaque fois qu'un point était marqué, le gagnant devait acheter quelque chose, et l'autre devait vendre...

— Mais comment faisaient-ils pour payer leurs achats?

— Ils se servaient directement dans les réserves des banques.

Rien de plus facile pour eux que de déjouer les codes secrets qui sont supposés décourager les pirates informatiques – ils pensaient sans doute que ce n'était qu'une épreuve dans un jeu bizarre... Et, comme ils ne se donnaient même pas la peine d'allumer l'ordinateur, leurs navigations ne laissaient aucune trace, ce qui explique que les informaticiens n'aient rien trouvé.

Quels phénomènes, quand même, que ces jumeaux! Ils étaient incapables de faire une phrase complète, mais ils déjouaient les systèmes informatiques des plus grandes banques! Et leur pensée était tellement puissante qu'ils n'avaient même pas besoin d'allumer les ordinateurs pour s'en servir!

— Qu'est-ce que vous allez faire? a demandé Agathe.

— On ne peut pas les punir, a répondu Karine. Pour eux,

c'était un simple jeu. Il faudra leur changer les idées, tout simplement. Si nous réussissons à leur faire oublier la télévision pendant quelques jours, ils passeront sans doute à autre chose...

— Il faudrait trouver un nouveau jeu pour les distraire, a repris Klonk, mais je ne me sens plus la force de réfléchir...

En disant ces mots, il s'est écroulé, terrassé par la fatigue. Karine s'est endormie à son tour, et Morley s'est mis à ronfler.

Agathe et Crystale ont été chercher des couvertures et des oreillers dans la maison, pendant que je m'occupais d'éteindre le feu de camp.

Quand nos amis ont été confortablement installés pour passer la nuit à la belle étoile, j'ai chuchoté quelques mots à l'oreille d'Agathe, qui s'est empressée de les répéter à

Crystale, puis nous nous sommes serré la main pour sceller notre pacte. Je ne pratique peut-être pas la Pensée Pure, mais j'ai parfois de bonnes idées, moi aussi. Et si ce que j'avais imaginé ne réussissait pas à changer les idées des jumeaux, rien ne pourrait y arriver.

CHAPITRE
DIX

La température est idéale, et l'hôtel dans lequel nous logeons est le plus luxueux palace que j'aie vu de toute ma vie. Chaque chambre est équipée d'une piscine, d'une baignoire à remous, d'une salle de billard et d'un écran de cinéma. Il n'y a cependant pas de téléviseur : là où nous sommes, il est impossible de capter quelque poste que ce soit.

Chaque matin, après une bonne nuit de sommeil réparateur, nous nous dirigeons vers la salle à manger, une salle immense et magnifiquement décorée, dans laquelle nous sommes pourtant les seuls clients. Des dizaines de serveurs aussi dévoués que compétents nous apportent alors les meilleurs petits déjeuners du monde. Je me gave de croissants et de confiture tandis qu'Agathe s'empiffre de salades de fruits exotiques. Elle m'y fait goûter, de temps en temps : jamais je n'ai mangé de fruits aussi délicieux, aussi rafraîchissants. Morley semble apprécier les fruits, lui aussi, et Crystale se régale de pain au chocolat rose. Klonk ne jure toujours que par les biscuits feuille d'érable, et Karine se fait servir chaque matin une nouvelle sorte de céréales. Les jumeaux, eux, mangent de tout.

Ces repas sont parfois un peu trop copieux, mais nous brûlons heureusement beaucoup de calories en nous livrant ensuite à nos sports favoris. Certains préfèrent le kayak de mer, d'autres la plongée sous-marine, d'autres encore ne jurent que par la voile. Il suffit de le demander, et des serviteurs s'empressent de préparer tout ce dont nous avons besoin.

Le midi, nous nous retrouvons tous à la salle à manger, où nous dégustons d'autres délices, tout en admirant le paysage qui s'offre à nos yeux. D'abord le rocher Percé, puis la côte est des États-Unis, et enfin d'interminables plages de sable blanc bordées de palmiers et de cocotiers. Notre palace est en fait un navire de croisière, dans lequel nous sommes les seuls passagers.

L'après-midi, chacun vaque à ses occupations. Morley et Crystale semblent apprécier la baignade, Agathe et moi jouons au scrabble à l'ombre d'un parasol, tandis que Klonk et Karine s'amusent avec les jumeaux, qui profitent de ces vacances pour faire enfin leurs premiers pas.

Le soir, nous savourons encore une fois un repas gastronomique – les langoustines sont divines ; les homards, gigantesques –, puis nous parcourons les journaux du monde entier, qui nous sont livrés par hélicoptère. *Les marchés sont revenus à la normale!* annoncent les manchettes. *Tout se déroule comme nous l'avions prévu!* disent les experts. On parlera de ce revirement encore pendant quelques jours, puis les journaux passeront à autre chose: personne ne s'intéresse aux bonnes nouvelles.

Quand nous en avons fini avec la lecture des journaux, nous bavardons en admirant le coucher de soleil, puis nous allons nous coucher et nous nous endormons rapidement, épuisés par toutes nos activités et bercés par le clapotis des vagues...

Tout juste avant de me glisser entre les draps de soie pour

rejoindre ma bien-aimée, je ne manque jamais de remercier Morley en pensée. Je ne sais pas si nous sommes à bord d'un véritable navire ou si tout cela n'est qu'une illusion qu'il a créée à notre intention, mais peu importe : c'est un merveilleux voyage.

transcontinental
IMPRESSION
MÉTROLITHO

Imprimé au Canada